Aventuras de viaje

EL GRAN CAÑÓN

Datos

Rane Anderson

Asesoras

Michele Ogden, Ed.D
Directora, Irvine Unified School District

Jennifer Robertson, M.A.Ed.
Maestra, Huntington Beach City School District

Créditos de publicación

Rachelle Cracchiolo, M.S.Ed., *Editora comercial*
Conni Medina, M.A.Ed., *Gerente editorial*
Dona Herweck Rice, *Realizadora de la serie*
Emily R. Smith, M.A.Ed., *Realizadora de la serie*
Diana Kenney, M.A.Ed., NBCT, *Directora de contenido*
Stacy Monsman, M.A., *Editora*
Kevin Panter, *Diseñador gráfico*

Créditos de imágenes: págs. 6–7 Mel Melcon/Los Angeles Times via Getty Images; pág. 18 (inferior derecha) Harry TaylorDorling KindersleyScience Source; pág. 20 (superior, centro, inferior) Dorling Kindersley/Getty Images; pág. 25 Didier DescouensWikimedia Commons License: Creative Commons BY-SA 4.0https://goo.gl/2GNGQ4; pág. 27 LOC [LC-DIG-ppmsca-36042]; todas las demás imágenes de iStock y/o Shutterstock.

Teacher Created Materials
5301 Oceanus Drive
Huntington Beach, CA 92649-1030
http://www.tcmpub.com

ISBN 978-1-4258-2892-9

Contenido

El Gran Cañón

Imagina que miras dentro de un cañón de 6,000 pies (1,800 metros). Hay un largo camino hacia la base. Por suerte, quienes quieren explorar el parque nacional Grand Canyon no están limitados solo a mirar. Hay muchos senderos que bajan sinuosos desde la cima hasta la base. Algunos hacen la travesía a pie. Otros en mula. Como sea, el largo camino hacia la base ofrece muchas oportunidades para aprender.

¡Y hay muchas personas que quieren hacer ese viaje! Millones de personas visitan el Gran Cañón cada año. Vienen de todo el mundo para observar las maravillosas vistas. Las rocas del cañón son un mosaico de colores. Hay tonos de rojo, naranja y marrón. Y con solo una mirada, surgen muchas preguntas. ¿Cómo se formó este lugar? ¿De qué está hecho? Y, por supuesto, ¿cuánto tiempo lleva bajar hasta la base y volver a la cima?

Toroweap Point ofrece una vista majestuosa del Gran Cañón y el río Colorado.

EXPLOREMOS LAS MATEMÁTICAS

Este gráfico de líneas representa la cantidad de visitantes que viajaron al Gran Cañón entre el 2005 y el 2015.

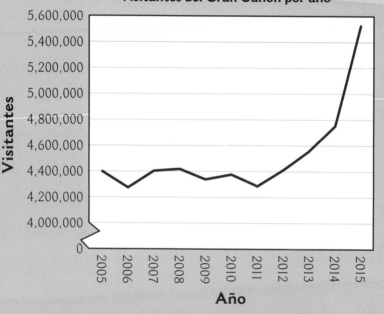

Visitantes del Gran Cañón por año

1. ¿En qué año hubo más gente que visitó el Gran Cañón?

2. ¿Alrededor de cuántas personas más viajaron al Gran Cañón en el 2015 que en el 2005?

3. ¿Alrededor de cuántos visitantes más hubo en el 2014 que en el 2006?

4. ¿Cuál es la escala usada para la cantidad de visitantes?

El viaje de descenso

Los visitantes deben tomar una decisión cuando están listos para ese viaje a la base del cañón. Para los excursionistas, existen senderos difíciles. Los senderos hechos en las paredes del cañón toman curvas, giros y se extienden en todo el camino hacia el suelo.

¡Otros visitantes montan! Disfrutan de un viaje en mula hacia la base. Muchas partes de los senderos son estrechas y empinadas. Pero las mulas son animales de paso firme. Esto significa que tienen mucho equilibrio. Es un viaje seguro y lento hasta el suelo del cañón. Los jinetes van en una caravana de mulas dirigidos por un **mulero**. Lleva varias horas llegar hasta la base en mula. Así que los jinetes pasan la noche allí antes de comenzar la subida la mañana siguiente.

Visitantes suben en mulas por el sendero South Kaibab.

Estas jóvenes mulas ya han realizado varios viajes a la base del cañón. Primero, descienden por el sendero Bright Angel. Cuando vuelven, suben por el sendero South Kaibab. Observa cuántas aventuras de ida y vuelta han hecho Flecha, Juancho, Tuna, Lechuza y Cachorro.

Mula	Viaje de ida y vuelta
Flecha	卌 卌
Juancho	卌 IIII
Tuna	卌 I
Lechuza	卌 II
Cachorro	卌

1. ¿Cuántos viajes más de ida y vuelta realizó Flecha que Cachorro?

2. ¿Cuántos viajes menos de ida y vuelta realizó Tuna que Lechuza?

3. ¿Cuántos viajes de ida y vuelta realizaron todas las mulas en total?

Un viaje en mula es una manera tranquila de contemplar el Gran Cañón. Pero también hay muchos senderos para caminar. Bright Angel y South Kaibab son los dos más comunes.

Recorrer los senderos a pie puede ser difícil. Pero también tiene su encanto. Los excursionistas pueden detenerse donde quieran. Pueden observar la belleza del cañón a su propio ritmo. O, si no, pueden realizar una excursión guiada. Un guardabosque camina junto con los excursionistas. El guardabosque puede señalar las características naturales del cañón.

Una vez en la base del cañón, el excursionista puede descansar o seguir explorando. Después de todo, hay cosas nuevas para ver. Más bien, ¡hay cosas antiguas que los excursionistas ven por primera vez! El gneis de Elves Chasm es la roca más antigua del cañón. Es parte de las rocas "cimiento" porque se ubica debajo de todas las demás.

Este gráfico muestra solo algunos de los tantos senderos populares que hay en el Gran Cañón.

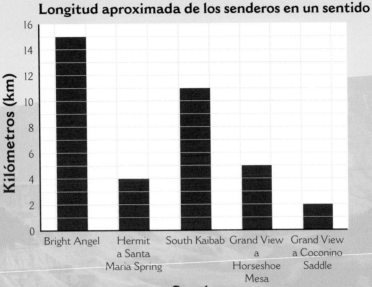

Longitud aproximada de los senderos en un sentido

Eje vertical: **Kilómetros (km)** — valores 0, 2, 4, 6, 8, 10, 12, 14, 16

Senderos: Bright Angel, Hermit a Santa Maria Spring, South Kaibab, Grand View a Horseshoe Mesa, Grand View a Coconino Saddle

Senderos

1. ¿Cuál es el sendero más largo? ¿Alrededor de cuántos kilómetros será un viaje de ida y vuelta? (Pista: El sendero tiene la misma longitud tanto de ida como de vuelta).

2. ¿Qué sendero es más largo, el que va a Coconino Saddle o el que va a Horseshoe Mesa? ¿Cómo lo sabes?

3. ¿Qué dos senderos son más cortos que el Grand View a Horseshoe Mesa?

4. ¿Qué escala se usó para las longitudes de los senderos?

BRIGHT ANGEL TRAIL

9

Se talla un cañón

Las excursiones al cañón comienzan y terminan en la cima. Desde la cima, algunos dicen que el Gran Cañón parece un gran hoyo en el suelo. Imagina que el hoyo se llena de tierra, arena y rocas. Ahora, la parte superior parece tan plana como un panqueque. Así es como se veía la región cuando el Gran Cañón comenzó a formarse. Era una gran planicie. Esa planicie se formó de capas y capas de rocas.

Los científicos saben que una fuerza poderosa debió haber atravesado esas capas de rocas. Esa fuerza fue el agua. El río Colorado fluyó desde las montañas cercanas y cruzó la planicie. El río comenzó a tallar el terreno. Pasaron millones de años. Mientras tanto, la intensa corriente del río siguió cortando la roca. Y, poco a poco, el cañón se hizo más profundo.

Las rocas más antiguas están en el fondo del cañón.

Una pila de rocas desordenadas crea una formación interesante en el sendero South Kaibab.

La nieve derretida es otra fuente de agua en el cañón.

El río Colorado formó el cañón por sí solo. El viento y la lluvia desgastan las rocas y las desmenuzan en pequeños trozos. Estos trozos se llaman **sedimento**. El viento y el agua lo transportan. Este proceso se llama **erosión**.

Un excursionista que mire con atención podrá ver grietas en las rocas. Luego de una lluvia invernal, el agua se puede congelar en esas grietas. El hielo ocupa más espacio que el agua. Entonces, la grieta se ensancha. El hielo hasta puede partir la roca. Cuando hace más calor, el hielo se derrite y se convierte en agua. Esta agua transporta más sedimento.

Todas estas fuerzas trabajan para cambiar el cañón. Hasta ahora, tiene una profundidad de 1 milla (1.6 kilómetros), un ancho de 11 mi (18 km) y una longitud de 270 mi (434 km). Pero el proceso continúa. Sigue avanzando, poco a poco.

Grupos de rocas y roqueros

¡Los **geólogos** son los roqueros de la ciencia! Hablando en serio, ellos estudian las rocas y el suelo. Las rocas nos cuentan sobre la Tierra y su historia. En el Gran Cañón, los geólogos exploran y escriben sobre lo que ven. Si encuentran un tipo de roca nuevo, lo describen. Y lo agregan a un mapa. El mapa muestra dónde encontrar los diferentes tipos de rocas. Toda la información reunida por los científicos los ayuda a dividir las capas de rocas en grupos. Cada grupo lleva un nombre.

Los geólogos usan herramientas que los ayudan a estudiar el cañón. Una de las herramientas se llama **corte transversal**. Los cortes transversales son dibujos que muestran cómo se ve el interior de algo.

Rocas del Paleozoico
en capas

Un dibujo de un corte
transversal muestra las
capas de rocas principales
del Gran Cañón.

Rocas del
Supergrupo del
Gran Cañón

Rocas
cimiento
de Vishnu

15

Cada capa de rocas contiene pistas sobre el pasado del Gran Cañón. Estas pistas registran los cambios que suceden con el tiempo en el **medioambiente**. Estos pequeños cambios se van sumando. Y dan como resultado grandes transformaciones. El lugar donde hoy existe un océano puede convertirse en un desierto algún día.

La formación de estas capas de rocas llevó millones de años.

¡Pero no esperes ver que se seque un océano de la noche a la mañana! Es un proceso lento. Lleva millones de años que se genere un cambio como ese. Cuando finalmente sucede, las rocas que lo conforman también cambian. Imagina que se seca un océano lentamente y se convierte en desierto. Las rocas del desierto también comienzan a formarse. Se forman encima de las viejas rocas del océano. Es por esto que se pueden encontrar tantos tipos de rocas en el Gran Cañón. El medioambiente ha cambiado muchas veces con el paso de los años. Y cada vez se han colocado nuevas rocas por encima de las viejas.

Arenisca

Piedra caliza

Shale

   Algunas rocas se forman una capa a la vez. Las rocas
sedimentarias se forman sobre sí mismas. Por eso, caminar por el
Gran Cañón es como caminar hacia el pasado. Las rocas más jóvenes
están en la cima. Las rocas son más antiguas cuanto más desciendes.

   Existen tres grupos principales de rocas sedimentarias en el Gran
Cañón. Les dan a los geólogos las pistas para conocer el pasado
del cañón. La piedra caliza se forma en los mares cálidos y poco
profundos donde hay seres vivos. El nombre de la arenisca te da
una pista acerca de cómo se forma. Proviene de lugares arenosos,
como los desiertos o las playas. El *shale* se forma en los mares
donde los seres vivos crecen en el lodo al fondo del mar. Todos estos
medioambientes son parte del pasado del Gran Cañón.

Algunas capas de rocas del Gran Cañón son más gruesas que otras. Este gráfico de barras muestra qué tan gruesas son estas capas.

Grosor de las capas de rocas del Gran Cañón

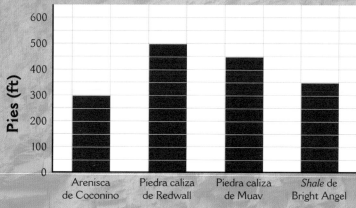

1. ¿Qué tipo de roca tiene la capa más gruesa?

2. ¿Qué dos capas de rocas tienen una diferencia de 100 pies en el grosor?

3. ¿Cuál es la diferencia, en pies, entre las capas de rocas más gruesas y las más delgadas?

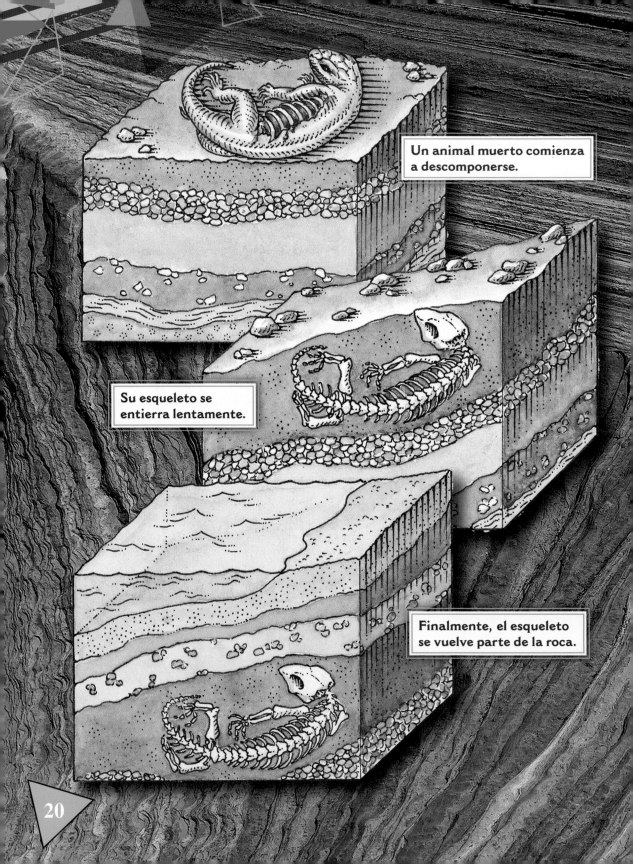

Un animal muerto comienza a descomponerse.

Su esqueleto se entierra lentamente.

Finalmente, el esqueleto se vuelve parte de la roca.

20

Preservación prehistórica

Las rocas hechas de arena y polvo no parecen demasiado especiales. Después de todo, se pueden encontrar rocas sedimentarias en todos lados. En ellas viven plantas. Hay criaturas que viven, caminan y encuentran alimentos en estas. Pero estos seres vivos también pueden morir allí. A veces, cuando una planta o criatura muere, otros seres vivos lo comen. Otras veces, el sedimento lo entierra. Cuando esto sucede, una parte queda **preservada**.

Las partes blandas, por lo general, se empiezan a **descomponer**. Pero eso no sucede con las partes duras como los huesos y los dientes. Entonces, los restos se pueden preservar. Con el tiempo, el sedimento se endurecerá. Lentamente se convertirá en roca. Las partes duras del ser vivo también se convertirán en parte de la roca. A estas se las llama **fósiles**. En el Gran Cañón se pueden encontrar rastros de animales muy antiguos en las capas de arenisca. Los fósiles de plantas pueden encontrarse en las capas de *shale*. Las rocas y sus fósiles cuentan más historias sobre la vida animal y vegetal del cañón.

Los huesos de este pez prehistórico se convirtieron en roca para formar un fósil.

Hallazgos fósiles

El mundo está repleto de millones de **especies** de plantas y animales. Cada uno vive en determinados lugares de la Tierra. Y, como fósiles, se los puede encontrar en el tipo de roca que se formó donde murieron. Con todas sus capas de rocas, el Gran Cañón está lleno de fósiles.

Los fósiles marinos son muy comunes en el Gran Cañón. Esto se debe a que los ambientes marinos formaron muchas de las capas de rocas. Los animales extintos llamados "trilobites" solían reptar por el suelo lodoso del mar. Tenían enormes ojos. Y podían arrollarse en apretadas bolas. Se pueden encontrar sus fósiles en la capas de arenisca, piedra caliza y *shale* del Gran Cañón. También hubo otros animales antiguos. Los corales cuerno no reptaban. En cambio, se quedaban atascados en el suave suelo marino. Esperaban que por allí flotara algo de alimento. Entonces, usaban sus tentáculos para aturdir y cazar su presa. Los fósiles de corales cuerno se encuentran en la piedra caliza.

Fósil de coral cuerno

Fósil de trilobites

Así se debería ver un trilobites hace millones de años.

Los fósiles de crinoideos se pueden encontrar en las capas de piedra caliza del Gran Cañón. Parecen como si estuvieran hechos de pequeños discos circulares uno encima del otro. Los animales que dieron origen a estos fósiles tenían partes que los anclaban al suelo marino. Esas mismas partes también funcionaban como pies. Los ayudaban a recolectar alimento y moverse de un lugar a otro.

Los braquiópodos también se encuentran en las capas de piedra caliza. También vivían en el suelo marino. Cada uno de estos animales vivía dentro de dos valvas que se podían cerrar firmemente. Tenían músculos fuertes para abrir y cerrar las valvas.

Fósil de crinoideo

Así se ven los crinoideos vivos y que todavía existen hoy.

Durante unas vacaciones familiares, un grupo de primos decide hacer una búsqueda de fósiles en el sendero South Kaibab. Hacen un gráfico para mostrar cuántos fósiles de cada clase encuentran. (Reglas del guardabosque: Deben mantenerse en el camino y dejar los fósiles donde los encuentren).

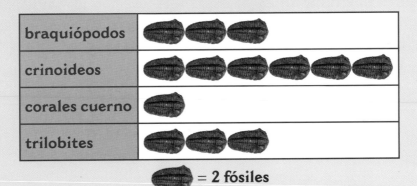

= 2 fósiles

Búsqueda de fósiles

1. ¿Qué fósil encontraron más los primos? ¿Cuántos encontraron?

2. ¿De qué fósiles encontraron la misma cantidad? ¿Cuántos encontraron de cada uno?

3. ¿Qué fósil encontraron el doble de veces que los braquiópodos?

Fósiles de braquiópodos

Un gran viaje

El Gran Cañón es mucho más que un gran hoyo en el suelo. El presidente Theodore Roosevelt alguna vez dijo que "posee una maravilla natural. No hay nada igual en el resto del mundo".

También posee la llave al pasado de la Tierra. Los océanos pueden secarse. Los desiertos pueden desaparecer. Pero la naturaleza registra lo que sucede. Los fósiles y las rocas del Gran Cañón cuentan la historia de grandes cambios que ocurrieron hace muchos años.

El Gran Cañón hace aflorar al científico que cada visitante lleva adentro. Ellos salen a la búsqueda de fósiles. Ven las muchas capas de rocas. El cañón es mucho más que un paisaje asombroso. Es mucho más que un lugar para que los geólogos estudien. Es un lugar para explorar y disfrutar.

Theodore Roosevelt baja por Jacob's Ladder en el sendero Bright Angel.

#132. Col. Roosevelt on Jacobs Ladder. Kolb Bros. Photo.

Resolución de problemas

Un nuevo grupo de visitantes está listo para ensillar sus mulas y montar. Cinco mulas (Flecha, Juancho, Tuna, Lechuza y Cachorro) los llevarán por el sendero Bright Angel. Una vez que lleguen a la base del Gran Cañón, todos descansarán. Pasarán la noche en el famoso Phantom Ranch. A la mañana siguiente, volverán por el sendero South Kaibab sobre las mismas mulas. Usa el gráfico y la tabla para responder las preguntas acerca del viaje.

1. ¿Alrededor de cuántos kilómetros en total montarán los visitantes?

2. ¿Alrededor de cuántos kilómetros en total andarán las cinco mulas en este viaje?

3. Este viaje suma un viaje de ida y vuelta más al registro de cada mula. Haz una tabla de frecuencias nueva para mostrar cuántos viajes de ida y vuelta han completado las mulas.

4. Usa la nueva tabla de frecuencias para responder las siguientes preguntas:

   a. ¿Cuántos viajes de ida y vuelta ha hecho Lechuza?

   b. ¿Alrededor de cuántos kilómetros ha viajado Juancho en total?

   c. ¿Cuántos viajes de ida y vuelta más deberá hacer Flecha para tener el doble de Tuna?

Cuando pasen mulas manténgase en la parte interna del sendero. Siga las instrucciones del mulero.

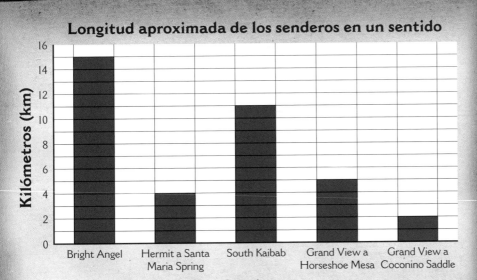

Longitud aproximada de los senderos en un sentido

Gráfica de barras — Eje Y: Kilómetros (km), de 0 a 16. Eje X: Senderos.

- Bright Angel: 15
- Hermit a Santa Maria Spring: 4
- South Kaibab: 11
- Grand View a Horseshoe Mesa: 5
- Grand View a Coconino Saddle: 2

Mula	Viajes de ida y vuelta
Flecha	ЖЖ ЖЖ
Juancho	ЖЖ IIII
Tuna	ЖЖ I
Lechuza	ЖЖ II
Cachorro	ЖЖ

Glosario

corte transversal: una vista que muestra el aspecto interior de algo luego de cortarlo

descomponer: desintegrar lentamente

erosión: movimiento de roca y sedimento desgastados

especies: grupos de animales o plantas que son similares y que pueden producir pequeños animales o plantas

fósiles: plantas y animales muertos que se preservaron en rocas

geólogos: científicos que estudian las rocas y el suelo para aprender sobre la historia de la Tierra

medioambiente: el mundo natural

mulero: persona que cuida las mulas

preservada: mantenida en su estado original o en buena condición

sedimento: trozos muy pequeños de roca, como arena, grava y polvo

Índice

Soluciones

Exploremos las matemáticas

página 5:

1. el 2015
2. alrededor de 1,100,000 visitantes más en el 2015
3. alrededor de 500,000 visitantes más en el 2014
4. 200,000 visitantes

página 7:

1. 5 viajes de ida y vuelta más
2. 1 viaje de ida y vuelta menos
3. 37 viajes de ida y vuelta en total

página 9:

1. Bright Angel; alrededor de 30 km
2. Grand View a Horseshoe Mesa; la barra es más alta
3. Grand View a Coconino Saddle y Hermit a Santa Maria Spring
4. 2 km

página 19:

1. Piedra caliza de Redwall
2. Piedra caliza de Muav y *shale* de Bright Angel
3. 200 ft

página 25:

1. Crinoideos; 12
2. Braquiópodos y trilobites; 6 de cada uno
3. Crinoideos

Resolución de problemas

1. alrededor de 26 km
2. alrededor de 130 km
3. Las tablas de frecuencias deberían mostrar a Flecha con 11 marcas de conteo, Juancho con 10 marcas de conteo, Tuna con 7 marcas de conteo, Lechuza con 8 marcas de conteo y Cachorro con 6 marcas de conteo.
4. **a.** 8 viajes de ida y vuelta
   b. 260 km
   c. 3 viajes de ida y vuelta más